Reitabzeichen 7

Autorin:
Ute Schmidt wurde 1965 in Passau geboren. Auf dem elterlichen Anwesen war sie schon als Kind von vielen Tieren umgeben, darunter auch Arbeits- und Kutschpferde.
Unter Aufsicht des gestrengen Großvaters, der Rittmeister war, lernte sie schon von klein auf viel über Aufstallung, Gesunderhaltung und Fütterungstechniken.
Fundierten Reitunterricht bekam sie ab dem zehnten Lebensjahr in Dressur und Springen.

1996 zog sie nach Hamburg, wo sie sich ihren Traum von einer eigenen Reitschule erfüllte. Sie lebt mit ihrer Familie auf einem Resthof im Südosten von Hamburg, wo sie auf ihren Friesenpferden Kinder und Jugendliche unterrichtet.

Illustratorin:
Mirella Sperling

Titelfoto:
Ariane Lange

Bebilderung Rückseite:
Wikipedia

Copyright:
Ute Schmidt, Hamburg

Das Werk ist urheberrechtlich geschützt. Die dadurch begründeten Rechte, insbesondere der Übersetzung, des Nachdrucks, der Entnahme von Abbildungen, der Wiedergabe auf fotomechanischem oder ähnlichem Wege und der Speicherung in Datenverarbeitungsanlagen bleiben, auch bei nur auszugsweiser Verwertung, vorbehalten.

Bisher erschienen:
Reitabzeichen 4	ISBN - Nummer: 9783756215188
Reitabzeichen 5	ISBN - Nummer 9783746092966
Reitabzeichen 6	ISBN - Nummer 9783739243177
Reitabzeichen 8	ISBN - Nummer 9783738637441
Reitabzeichen 9	ISBN - Nummer 9783734793226
Reitabzeichen 10	ISBN - Nummer 9783734761102
Reitabzeichen 10 (englisch)	ISBN - Nummer 9783748133483
Pferdeführerschein Umgang	ISBN - Nummer 9783750437210
Pferdeführerschein Reiten	ISBN - Nummer 9783751984218
Longierabzeichen 5	ISBN - Nummer 9783741237454
Bodenarbeit Teil 1	ISBN - Nummer 9783746050133
Trainerassistent	ISBN - Nummer: 9783750435209

Ergänzendes Übematerial in Form von Smartphone-Apps ist im Google Play Store erhältlich.

ISBN - Nummer 978-3-7392-0766-7

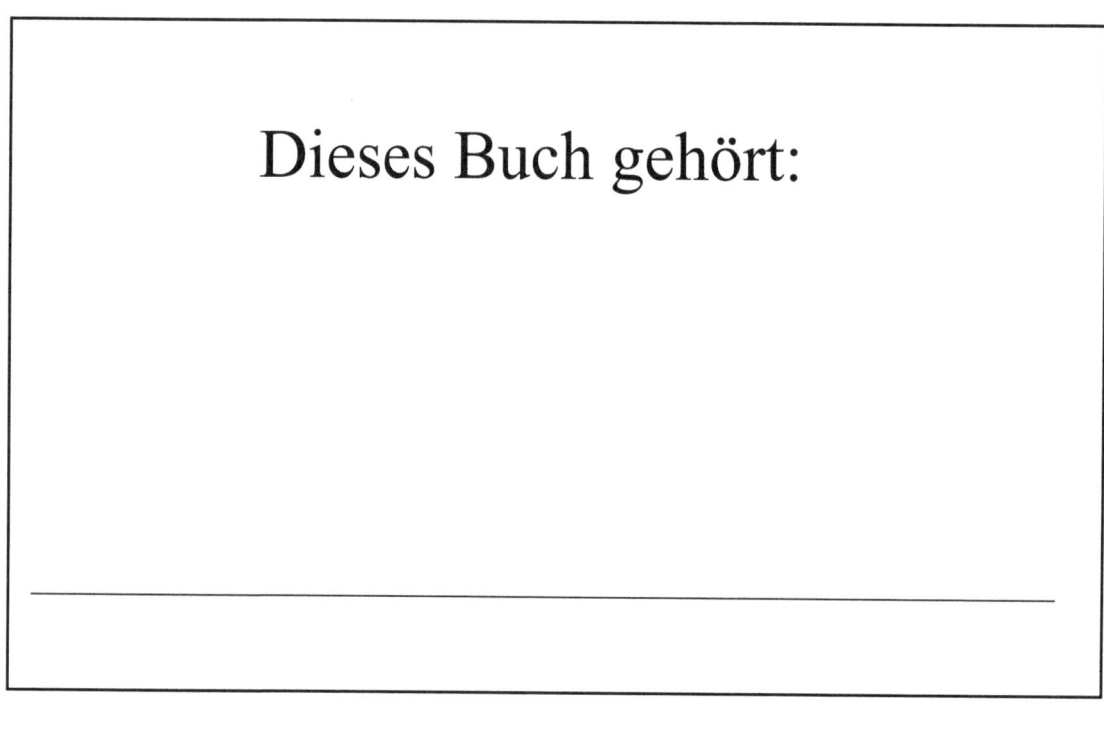

Inhaltsverzeichnis

Kapitel 1: Bodenarbeit 4

Kapitel 2: Gangarten 6

Kapitel 3: Anatomie 9

Kapitel 4: Skelett 11

Kapitel 5: Hilfsmittel und Hilfszügel 12

Kapitel 6: Gesunderhaltung und Krankheiten 14

Kapitel 7: Hufe und Hufschmied 18

Kapitel 8: Abteilungsreiten 20

Kapitel 9: Bandagen und Gamaschen 22

Kapitel 10: Lösen 23

Kapitel 11: Grundsitz, leichter Sitz, Springsitz 24

Kapitel 12: Hilfengebung 26

Kapitel 13: Hufschlagfiguren 31

Kapitel 14: Haltungsformen 33

Kapitel 15: Stallbau 35

Kapitel 16: Bewegungsflächen 36

Kapitel 17: Sicherheit beim Reiten 37

Kapitel 18: Ethische Grundsätze 38

Vorschlag einer Dressuraufgabe RA 7 (einzeln) 39

Vorschlag einer Führaufgabe RA 7 41

Praktische Prüfungen für das RA 7 42

Theoretische Prüfungen für das RA 7 43

Impressum 44

Kapitel 1 : Bodenarbeit

🐴 Was versteht man unter Bodenarbeit?	☐ Bodenarbeit sind Übungen mit dem Pferd, die man zu Fuß ausführt.
🐴 Was ist das Ziel der Bodenarbeit?	☐ Das Pferd soll sich willig in Richtung, Gangart und Tempo kontrollieren lassen. Führender und Pferd müssen sich dabei gut verständigen können. Der Führende sieht nach vorne und hält sich gerade.
🐴 Welche Ausrüstung benötigt der Führende?	☐ Festes Schuhwerk, Handschuhe und bei Bedarf eine Gerte. Ein Helm ist sinnvoll.
🐴 Welche Ausrüstung benötigt das Pferd?	☐ Das Pferd kann mit einem gut sitzenden Stallhalfter und Führstrick mit Karabinerhaken geführt werden. Mehr Einwirkung hat man mit einem gut angepassten Reithalfter. Alternativ kann man auch mit einem Halsring, einem Knotenhalfter oder ganz ohne Hilfsmittel führen.
🐴 Welche Hilfen stehen einem beim Führen eines Pferdes zur Verfügung?	☐ Die **Stimmhilfe**, die **Körperhaltung** und die **Führposition**.
🐴 Von welcher Seite wird geführt?	☐ Man sollte sich angewöhnen, das Pferd von beiden Seiten zu führen.
🐴 Was muss man bei der Führposition beachten?	☐ Üblicherweise führt man in Höhe der Schulter des Pferdes. Je weiter man nach vorne kommt, desto langsamer wird das Pferd und umgekehrt.
🐴 Wie lauten die Kommandos zum Anführen und zum Halten?	☐ Zum Anführen wird das Pferd mit einem fröhlichen „**Scheritt**" aufgefordert. Zum Anhalten gibt man das Kommando „**Haaalt**". Dabei kann man durch ein kurzes Ziehen am Führstrick das Pferd auf sich aufmerksam machen. Das Kommando zum Antraben lautet "**Terab**" und wenn man das Pferd Rückwärts richtet, sagt man "**zurück**".

🐴 Wie führt man das Pferd mit Reithalfter?	☐ Die rechte Hand fasst die Zügel etwa eine Handbreit unter den Trensenringen und teilt die diese mit Zeige- und Mittelfinger, die linke Hand hält das Ende vom Zügel – oder umgekehrt. Bedenke, dass der Zügel beim Führen nur zum Sichern dient und nicht eingesetzt werden darf. Man achtet darauf, dass die Hand nie vor das Pferdemaul kommt.
🐴 Wie führt man das Pferd auf gebogenen Linien?	☐ Hier sollte dem Pferd durch die Drehung des eigenen Schultergürtels die Wendung angezeigt werden. Zusätzlich sollte auf der Außenseite des Bogens der Arm des Führenden angehoben werden um auf diese Weise die korrekte Wendung zu unterstützen.
🐴 Wie setzt man die Gerte ein?	☐ Die Gerte wird eingesetzt, wo üblicherweise der Schenkel liegt. Dazu benötigt man eine etwas längere Gerte.
🐴 Einige Übungen zur Bodenarbeit:	☐ Folgende Übungen sind möglich: • Führen von Punkt zu Punkt in Schritt und Trab • Wenden des Pferdes • Rückwärtsrichten • Führen über Stangen • Führen durch einen Parcours • Führen von Hufschlagfiguren • Tempo innerhalb der Gangarten verändern
🐴 Was muss der Führende sonst noch beachten?	☐ Der Führende schreitet aufrecht und zügig mit dem Pferd. Seine Körperhaltung strahlt Dominanz aus, was das Pferd dann willig folgen lässt.

Kapitel 2: Gangarten

🐴 Was sind die Grundgangarten des Pferdes?	☐ Schritt, Trab und Galopp.
🐴 Wie ist der Takt im Schritt?	☐ Im Schritt hört man einen Viertakt.
🐴 Wie ist die Fußabfolge im Schritt?	☐ Alle vier Pferdebeine bewegen sich einzeln nach vorne. Zum Beispiel: Vorne links, hinten rechts, vorne rechts, hinten links.

🐴 Wie ist der Takt im Trab?	☐ Im Trab hört man einen Zweitakt.
🐴 Wie ist die Fußabfolge im Trab?	☐ Im Trab bewegen sich die diagonalen Beinpaare im Wechsel nach vorne. Zum Beispiel: Vorne links und hinten rechts gleichzeitig, danach vorne rechts und hinten links gleichzeitig.

🐴 Wie ist der Takt im Galopp?	☐ Im Galopp hört man einen Dreitakt.
🐴 Wie ist die Fußabfolge im Galopp?	☐ Je nachdem, ob das Pferd im Rechts- oder Linksgalopp läuft, bewegen sich die Beine wie folgt: Linksgalopp: rechter Hinterfuß, dann linker Hinterfuß zusammen mit rechtem Vorderfuß, dann linker Vorderfuß. Schwebephase. Umgekehrt gilt dies dann für den Rechtsgalopp.
🐴 Was ist ein Handgalopp?	☐ Reitet man auf der rechten Hand, so sollte das Pferd auch in einem Rechtsgalopp angaloppieren und umgekehrt. Das ist dann der sogenannte Handgalopp. Man bezeichnet ihn auch als Innengalopp.
🐴 Was ist ein Außengalopp?	☐ Im Grunde ist der Außengalopp das Gegenteil vom Handgalopp. Reitet man auf der rechten Hand und das Pferd galoppiert auf der linken Hand an – oder umgekehrt, so bezeichnet man dies als Außengalopp oder Kontergalopp. In höheren Dressurprüfungen wird dies auch verlangt.
🐴 Was ist ein Kreuzgalopp?	☐ Beim Kreuzgalopp läuft das Pferd vorne im Linksgalopp und hinten im Rechtsgalopp, oder umgekehrt. Dies ist für das Pferd schädlich und auch für den Reiter unangenehm zu sitzen.

🐴 Was ist eine Schwebephase?	☐ Die Schwebephase ist der Moment, in dem kein einziges Pferdebein den Boden berührt. Dies ist nur im Trab und im Galopp möglich.
🐴 Was versteht man unter dem Begriff „Tempo"?	☐ Damit wird das Verlängern oder Verkürzen der Schritte, Trabtritte oder Galoppsprünge bezeichnet.
🐴 Wie kann man das Tempo beeinflussen?	☐ Das Tempo ergibt sich aus dem Fleiß und dem Raumgriff, mit dem das Pferd die Hinterbeine unter den Bauch setzt.
🐴 Was bedeuten die Begriffe „Einfußen, Überfußen und Abfußen"?	☐ Damit ist das Aufsetzen des jeweiligen Hinterhufes in den Abdruck des jeweiligen Vorderhufes gemeint. Je mehr ein Pferd einfußt, desto höher ist sein Tempo und sein Fleiß. Beim Überfußen tritt das Pferd sogar über den Abdruck des Vorderhufes. Wenn ein Pferd abfußt, ist damit gemeint, dass es sich energisch vom Boden abdrückt und so der Schwung erhöht wird.
🐴 Was sind Spezialgangarten?	☐ Die bekanntesten sind Pass oder Tölt. Gangpferde, wie z.B. Isländer beherrschen solche Gangarten sehr gut.

Nummeriere die Abfolge der Tritte in den verschiedenen Gangarten. Verbinde die Hufe mit einem Strich, wenn sie sich zeitgleich bewegen!

Schritt	**Trab**	**Linksgalopp**	**Rechtsgalopp**

Kapitel 3: Anatomie

Wie teilt man das Pferd anatomisch auf?	☐ Vorderhand, Mittelhand und Hinterhand.

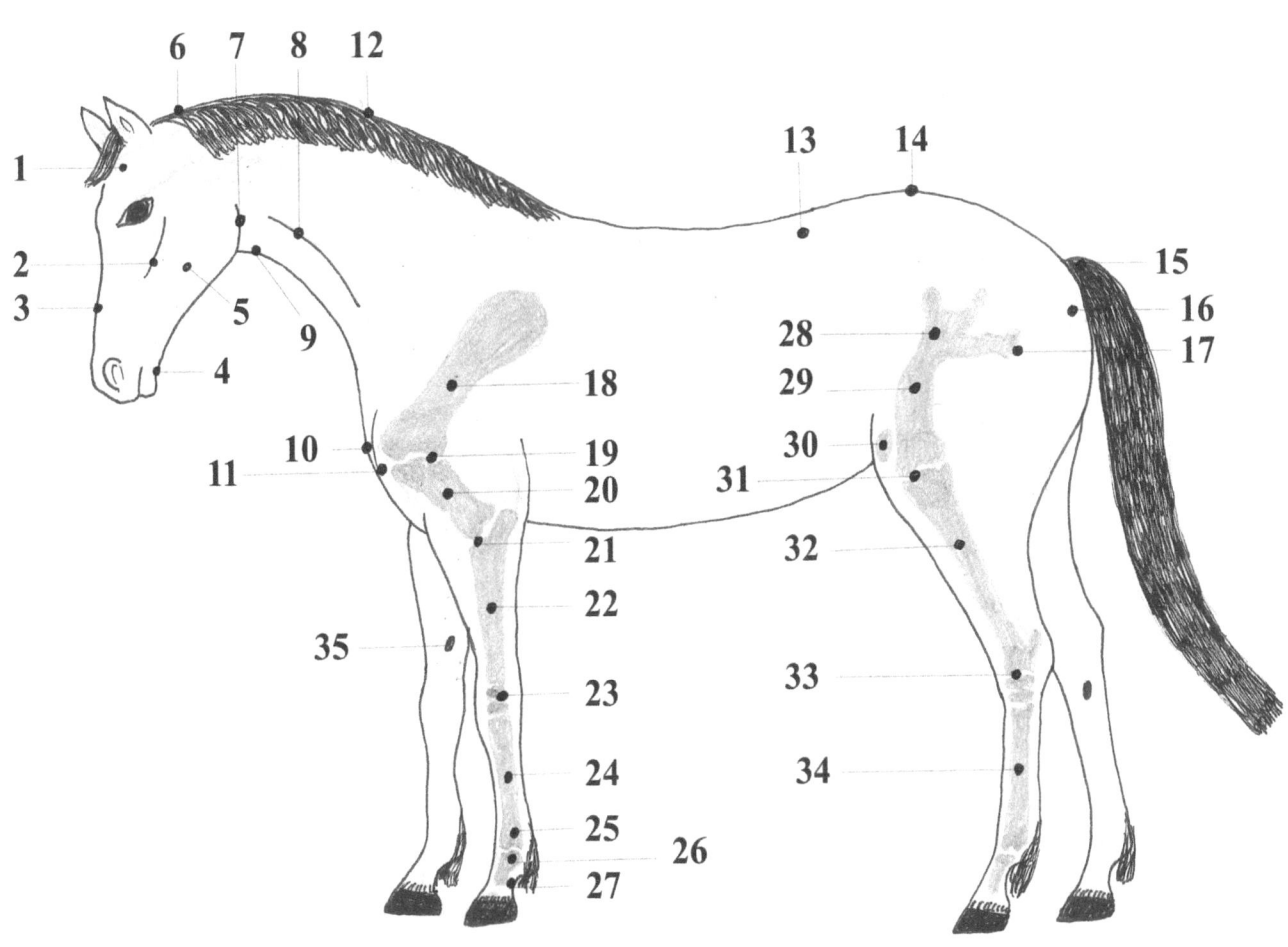

1 Stirn	13 Lende	25 Fesselkopf
2 Jochbein	14 Kruppe	26 Fesselgelenk
3 Nasenrücken	15 Schweifwurzel	27 Fesselbeuge
4 Auge	16 Hinterbacke	28 Hüftgelenk
5 Backe	17 Sitzbeinhöcker	29 Oberschenkelknochen
6 Genick	18 Schulterblatt	30 Kniescheibe
7 Ganasche	19 Schultergelenk	31 Kniegelenk
8 Drosselrinne	20 Oberarmknochen	32 Unterschenkelknochen
9 Kehle	21 Ellbogengelenk	33 Sprunggelenk
10 Buggelenk	22 Unterarmknochen	34 Hinterröhre
11 Brust	23 Vorderfußwurzelgelenk	35 Kastanie
12 Mähnenkamm	24 Vorderröhre	

**Präge Dir die Anatomie des Pferdes gut ein.
Zeichne die Vorderhand, Mittelhand und Hinterhand ein!**

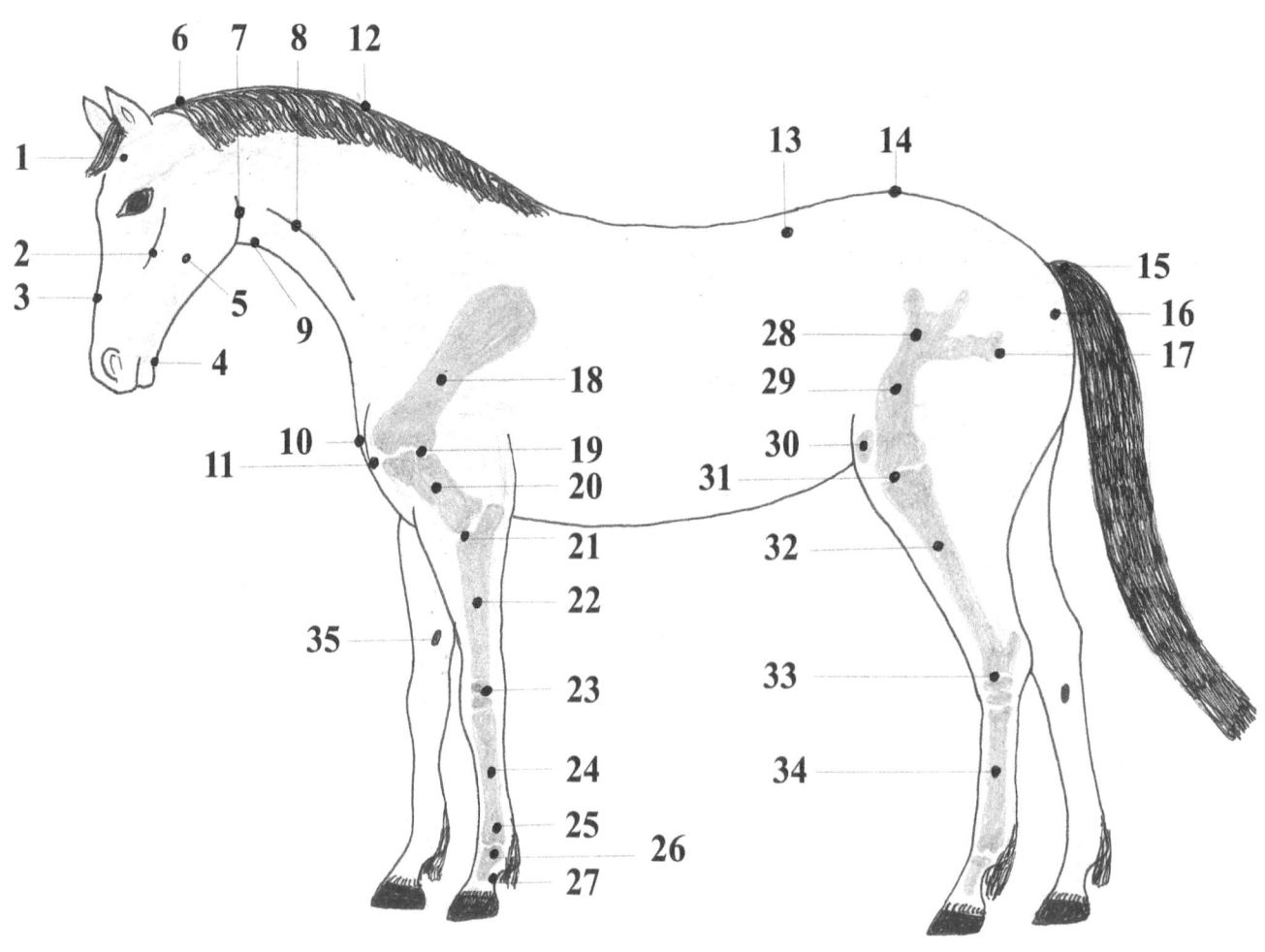

1	13	25
2	14	26
3	15	27
4	16	28
5	17	29
6	18	30
7	19	31
8	20	32
9	21	33
10	22	34
11	23	35
12	24	

Kapitel 4: Skelett

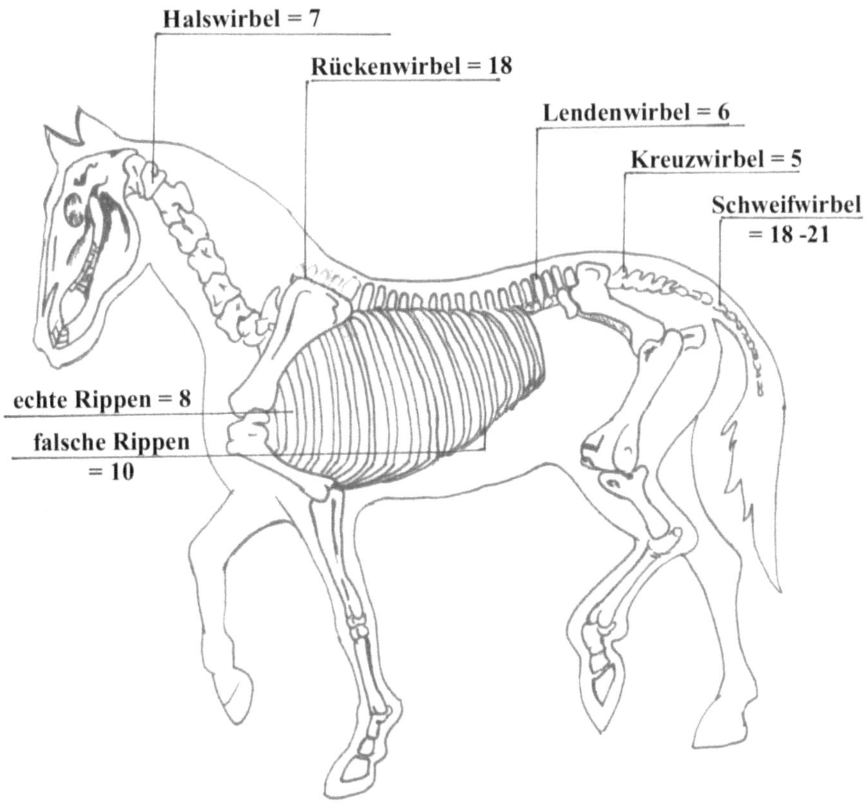

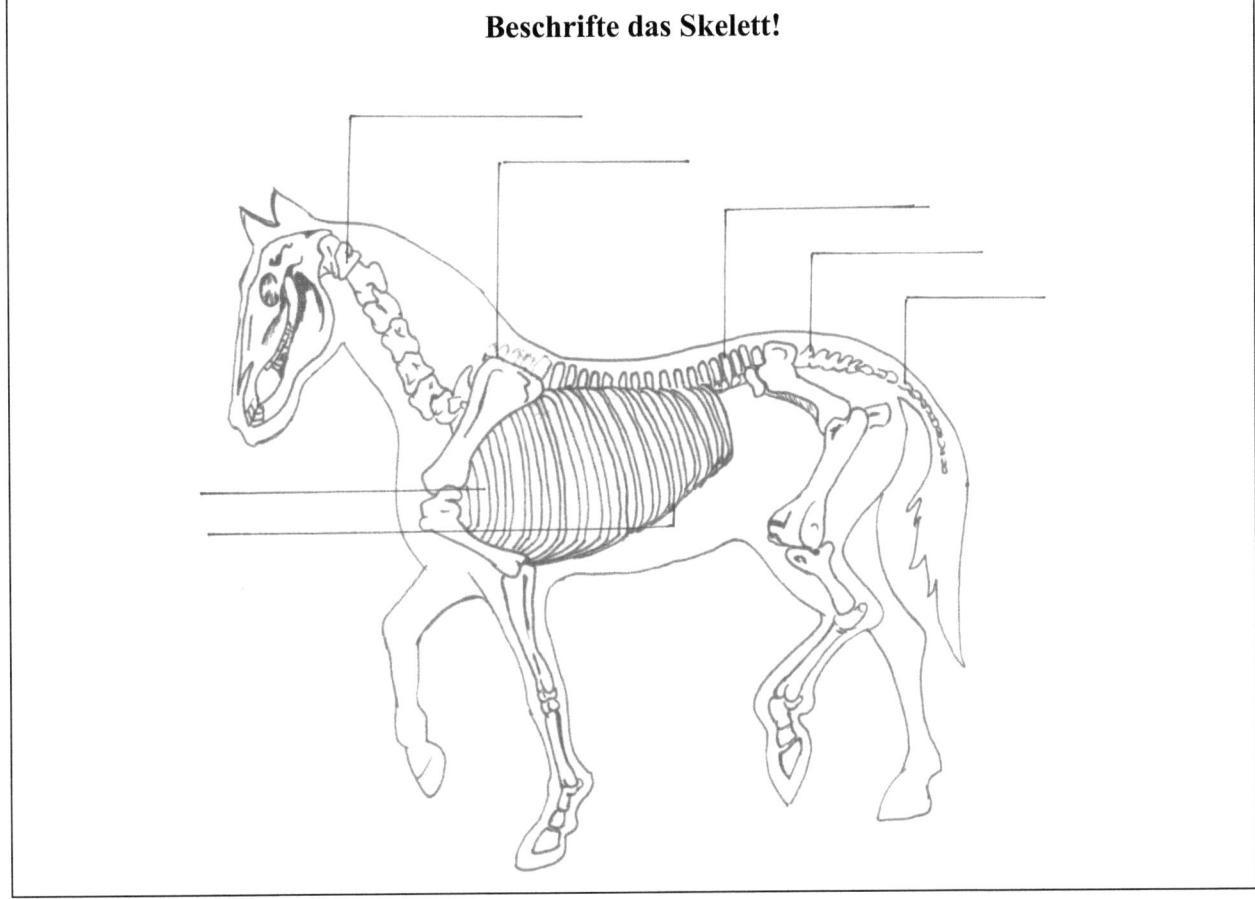

Beschrifte das Skelett!

Kapitel 5: Hilfsmittel und Hilfszügel

Welche Hilfsmittel gibt es beim Reiten?	☐ Hilfszügel, Gerte und Sporen.
Was gehört in die Kategorie Hilfszügel?	☐ Ausbinder, Martingal und Dreieckszügel. Es gibt noch weitere Hilfszügel, die Du später kennenlernen wirst.
Wie sehen die Ausbinder aus?	☐ Ausbinder sind zwei Lederriemen, an dessen Enden je eine Verschnallung und ein Karabinerhaken sind.
Wie werden Ausbinder angelegt?	☐ Man verschnallt sie an der vorderen Gurtstrippe des Sattels und hakt den Karabinerhaken in den Trensenring.
Wie wählt man die richtige Länge?	☐ Wenn das Pferd korrekt durch das Genick geht, muss die Nasen-Stirn-Linie eine Handbreit vor der Senkrechten stehen.
Wozu braucht man Ausbinder?	☐ Man benutzt sie zum Longieren und bei Reitanfängern, die die Zügelhilfen noch nicht korrekt beherrschen. Mit dem Ausbinder geht das Pferd durch das Genick, wodurch der Rücken des Pferdes geschont wird. Das Pferd lässt sich dann auch leichter aussitzen.
Darf man mit dem Ausbinder auch springen?	☐ Nein, denn das Pferd muss zum Springen den Hals lang machen. Das verhindert ein Ausbinder.
Wann darf man die Hilfszügel verschnallen?	☐ Das Pferd muss erst gelöst werden. Außerdem können Pferde auf dem Weg zur Reitbahn fallen. Mit eingeschlauften Hilfszügeln können sie nur schwer wieder aufstehen.

🐴 Wie wird ein Martingal angelegt? *Martingalschieber* *Martingalstopper*	☐ Das Martingal wird zwischen den Vorderbeinen am Sattelgurt befestigt. Dann teilt sich das Martingal in zwei Riemen, an dessen Enden je ein kleiner Metallring ist, durch welchen man dann die Zügel führt. Das Martingal wird mit einem Halsriemen gesichert. Das Martingal passt, wenn die Ringe bis an die Ganasche des Pferdes reichen. Die Martingalschieber am Zügel verhindern ein Verhaken der Ringe an der Zügelschnalle. Mit dem Martingalstopper passt man das Martingal dem Pferd an.
🐴 Wann benutzt man ein Martingal?	☐ Das Martingal ist der einzige Hilfszügel, den man auch zum Springen benutzen darf. Deshalb wird er auch oft im Gelände für Pferde benutzt, die viel Temperament haben.
🐴 Wie legt man einen Dreieckszügel an?	☐ Der Dreieckszügel wird zwischen den Vorderbeinen am Sattelgurt festgemacht. Man muss darauf achten, dass er mittig liegt und das Pferd nicht wundgescheuert wird. Danach teilt sich der Dreieckszügel auf, wird durch je einen Trensenring geführt und an der ersten Gurtstrippe verschnallt. Auch hier gilt: Eine Handbreit vor der Nasen-Stirn-Linie!
🐴 Bei welchen Pferden benutzt man den Dreieckszügel?	☐ Bei Pferden, die in die Vorwärts-Abwärts-Dehnung kommen sollen.
🐴 Wozu benötigt man eine Gerte?	☐ Sie dient zur Unterstützung des treibenden Schenkels und darf niemals zur Bestrafung eingesetzt werden.
🐴 Wo wirkt die Dressurgerte ein?	☐ Dicht hinter dem treibenden Schenkel.
🐴 Wo wirkt die Sprunggerte ein?	☐ An der Schulter des Pferdes.
🐴 Wie sind die korrekten Längen der Gerten?	☐ Die Dressurgerte ist 1,20 m lang, die Sprunggerte dagegen nur 0,75 m.
🐴 Wozu braucht man Sporen?	☐ Sie verfeinern die Hilfengebung und sind erst in zweiter Linie zum Verstärken des treibenden Schenkels gedacht.
🐴 Wann darf man Sporen benutzen?	☐ Wenn der Grundsitz des Reiters so ruhig ist, dass er seine Füße gut unter Kontrolle hat.

Kapitel 6: Gesunderhaltung und Krankheiten

Was sind die PAT-Werte?	☐ Puls, Atmung und Temperatur.
Wie hoch ist der Puls des Pferdes in Ruhe?	☐ Zwischen 28 und 40 Schlägen in der Minute.
Wie oft atmet ein Pferd in Ruhe?	☐ Zwischen 10 und 16 Atemzüge in der Minute.
Wie hoch ist die Temperatur in Ruhe?	☐ Zwischen 37,5 und 38,2 Grad.
Woran erkennt man, ob das Pferd krank ist?	☐ Es ist schlapp und teilnahmslos, es frisst nicht, stöhnt, schwitzt oder friert.

🐴 Wie erkennt man einen Satteldruck?	☐ Das Pferd ist anfangs in der Sattellage druckempfindlich. Dann kommt es zu haarlosen Stellen, die dann auch zu offenen Scheuerstellen werden können.
🐴 Wie verhindert man Satteldruck?	☐ Der Sattel muss gut angepasst sein und die Sattellage muss immer vorher gründlich geputzt werden. Ein rechtzeitiges Nachgurten schützt auch.
🐴 Was macht man bei stark blutenden Verletzungen?	☐ Man legt einen Druckverband an und ruft sofort den Tierarzt.
🐴 Was macht man bei einem Nageltritt?	☐ Da sich bei einer Verletzung des Hufes durch Eintreten spitzer Gegenstände der Huf leicht entzünden kann, sollte immer der Tierarzt zugezogen werden. Tetanusschutz überprüfen!
🐴 Wie behandelt man Verletzungen um das Auge?	☐ Um das Auge darf man kein Desinfektionsmittel benutzen. Stattdessen nimmt man abgekochtes Wasser und einen sterilen Tupfer.
🐴 Wie versorgt man einen Bluterguss?	☐ Blutergüsse werden so lange gekühlt, bis sie abgeklungen sind. Dann kann man das Pferd wieder langsam bewegt werden. An den Beinen kann man Kühlkompressen anwickeln, am Körper kann man spezielle Kühlgels aufbringen.
🐴 Was ist ein Einschuss?	☐ Ein Einschuss ist eine rasch anschwellende Stelle an einem der Beine, die durch eine kleine Verletzung hervorgerufen wird. Man desinfiziert und kühlt die Stelle, und zieht im Zweifelsfall den Tierarzt hinzu.

🐴 Was ist Mauke und wie kann man sie behandeln?	☐ Mauke ist eine Entzündung der Fesselbeuge. Sie entsteht, wenn das Pferd zu lange in Nässe und Schmutz steht. Man rasiert den Behang ab, reinigt mit milder Seife, desinfiziert und behandelt mit Jodsalbe. Das Pferd muss trocken aufgestallt werden. Eventuell auch dem Tierarzt vorstellen.
🐴 Was ist Strahlfäule und wie behandelt man sie?	☐ Strahlfäule ist eine Entzündung des Hufstrahls. Sie entsteht ebenfalls, wenn das Pferd zu lange in Nässe und Schmutz steht. Man entfernt so viel entzündetes Horn wie möglich, desinfiziert und behandelt mit Jodsalbe. Das Pferd muss trocken aufgestallt werden.
🐴 Was macht man bei Husten?	☐ Zuerst misst man Fieber. Sollte das Pferd erhöhte Temperatur haben, eindecken und den Tierarzt rufen. Hat es kein Fieber, kann man es schonend an der frischen Luft bewegen.
🐴 Wie erkennt man eine Kolik und wie behandelt man sie?	☐ Bei einer Kolik kann das Pferd nicht mehr misten und hat schlimme Bauchschmerzen. Es stellt die Hinterbeine weit ab, guckt sich oft zum Bauch um, schwitzt und ist allgemein unruhig. Es legt sich oft hin und wälzt sich. Bei Verdacht auf Kolik Pferd eindecken, Tierarzt rufen und das Pferd solange im Schritt führen, bis der Tierarzt eintrifft.
🐴 Was ist ein Kreuzverschlag und was tut man dagegen?	☐ Ein Kreuzverschlag ist eine Kohlenhydratvergiftung. Diese entsteht durch zu viel Kraftfutter und zu wenig Bewegung, oder durch Überanstrengung. Das Pferd ist auf beiden Hinterbeinen lahm und der Rückenmuskel ist verhärtet. Der Urin kann colafarben sein. Es besteht Lebensgefahr wegen Nierenversagens. Sofort den Tierarzt rufen!

🐴 Was macht man bei starkem Nasenausfluss?	☐ Hat das Pferd starken Nasenausfluss, der weiß, grün oder rot sein kann, muss man unbedingt den Tierarzt rufen. Es kann eine Erkrankung der Lunge vorliegen.
🐴 Was kann man gegen Wurmerkrankungen tun?	☐ Zwei bis viermal im Jahr muss das Pferd eine Wurmkur bekommen. Diese Wurmkur wechselt man immer wieder, damit es zu keiner Gewöhnung seitens der Würmer kommt. Es empfiehlt sich immer, alle Pferde eines Stalles gemeinsam zu entwurmen.
🐴 Wie erkennt man eine Pilzerkrankung und was macht man dagegen?	☐ Pilzerkrankungen erkennt man an erbsengroßen Erhebungen im Deckhaar. Später fallen die Haare auch aus. Pilz ist sehr ansteckend. Alle Decken mit Obstessig waschen. Auch das Sattel- und Putzzeug muss damit desinfiziert werden. Zur Behandlung sollte man den Tierarzt dazu holen.
🐴 Wogegen soll das Pferd geimpft werden?	☐ Influenza, Tetanus, Herpes und wenn nötig Tollwut.
🐴 Was steht im Equidenpass und wer braucht ihn?	☐ Der Equidenpass ist Pflicht. Er wird vom Tierarzt ausgestellt. Darin sind folgende Daten vermerkt: • Name und Geburtsdatum des Pferdes • Stammbaum • Abzeichen und Farben • Chipnummer • Impfungen • Entsorgung (Hier ist vermerkt, ob das Pferd, wenn es stirbt, in die Nahrungskette kommt oder nicht).
🐴 Was macht man, wenn das Pferd Giftpflanzen gefressen hat?	☐ Man ruft sofort den Tierarzt. Wenn möglich zeigt man ihm die Pflanze, die das Pferd gefressen hat.
🐴 Lerne die Giftpflanzen!	☐ Siehe Rückseite des Heftes.

Kapitel 7: Hufe und Hufschmied

Wie werden die Hufe des Pferdes gepflegt?	☐ Vor dem Ausreiten werden die Hufe nur ausgekratzt, aber nach dem Reiten reinigt man sie gründlich von innen und außen.
Was macht man bei anhaltender Trockenheit?	☐ Die sauberen Hufe werden mit einem Schwamm gut angefeuchtet und dann von innen und außen mit Huffett eingepinselt.
Was beachtet man beim Auskratzen der Hufe?	☐ Der Huf hat außen eine Glasurschicht, die man nicht zerkratzen darf. Außerdem muss man beim Hufstrahl und am Ballen vorsichtig sein, denn hier ist das Horn weicher.
Welche Aufgabe hat der Hufschmied?	☐ Der Hufschmied sollte alle vier bis sechs Wochen bestellt werden. Er schneidet dann die Hufe aus und rundet sie mit der Raspel gut ab. Hat das Pferd Hufeisen, werden diese nach Bedarf erneuert.
Was kann passieren, wenn der Hufschmied nicht regelmäßig kommt?	☐ Dann können die Hornwände ausbrechen, was zur Folge hat dass man keine Hufeisen mehr aufnageln kann. Außerdem kann es zu Fehlstellungen kommen, die die Gelenke und Sehnen belasten. Zu lange Zehen lassen Pferde auch stolpern.
Was kann man bei der Hufpflege selbst erledigen?	☐ Man kann abgesplittertes Horn mit der Zange entfernen und mit der Hufraspel die Stellen wieder glatt feilen. Auch loses Horn am Strahl kann man gut selbst entfernen. Hat das Pferd ein Eisen verloren, kann man verbliebene Nägel auch selber ziehen.
Wann muss ein Pferd beschlagen werden?	☐ Pferde werden dann beschlagen, wenn das Horn zu schnell abgerieben wird. Das ist häufig bei Kutsch- und Turnierpferden der Fall. Auch für Pferde die viel ins Gelände gehen ist ein Beschlag sinnvoll.
Was ist ein orthopädischer Beschlag?	☐ Das sind spezielle Hufeisen, mit denen man entweder den Huf entlastet oder die Stellung des Hufes korrigiert.

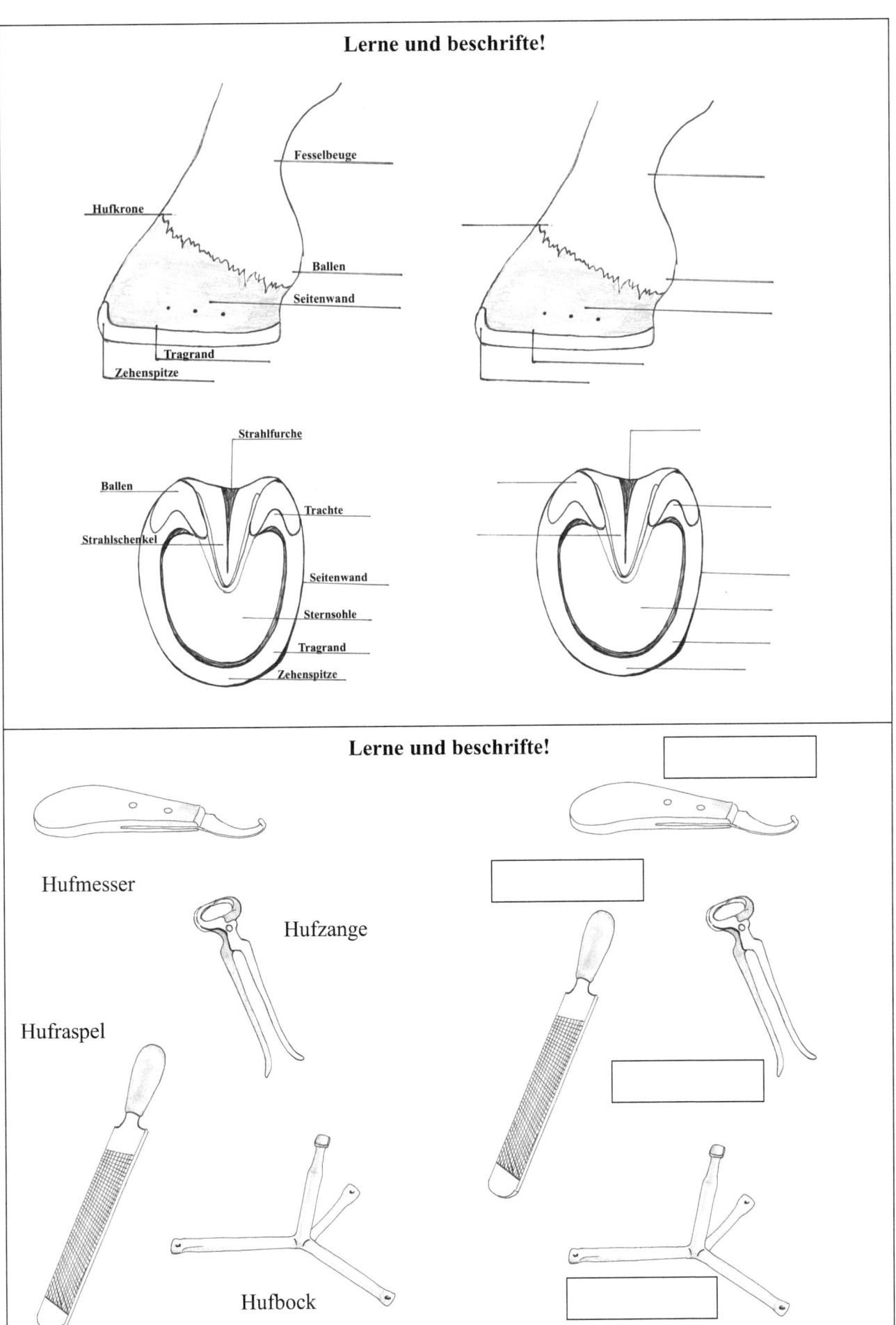

Kapitel 8: Abteilungsreiten

🐴 Was bedeutet der Begriff „Abteilungsreiten"?	☐ Wenn der Reiter die Sitzschulung an der Longe erfolgreich beendet hat, kann er in einer Abteilung, das heißt mit mehreren Reitern gemeinsam, in der Bahn reiten.
🐴 Was ist das Ziel des Abteilungsreitens?	☐ Hier lernt der Reiter, korrekte Abstände zu halten, die Bahnfiguren richtig zu reiten und dem Pferd die nötigen Hilfen dafür zu geben.
🐴 Wer reitet ganz vorne?	☐ Der vorderste Reiter wird als „Tête" bezeichnet. Das ist französisch und bedeutet „Kopf". An der Tête reitet jemand, der schon ein wenig Erfahrung und sein Pferd gut im Griff hat.
🐴 Was muss die „Tête" beachten?	☐ Die Tête bestimmt Tempo und Richtung und sorgt dafür, dass die Gruppe zusammen bleibt.
🐴 Was muss jeder einzelne Reiter der Abteilung beachten?	☐ Am Wichtigsten ist es für jeden Reiter, auf den Sicherheitsabstand zu achten, damit es zu keine Unfällen kommt, wenn sich z.B. die Pferde nicht so gut vertragen.
🐴 Wie kann ich meinen Abstand zum Vordermann gut abschätzen?	☐ Sitzt man gerade auf dem Pferd, sollte man die Fesselgelenke des vorderen Pferdes durch die Ohren des eigenen Pferdes sehen können.
🐴 Worauf kommt es in einer Abteilung an?	☐ Jeder Reiter innerhalb einer Abteilung soll die Dressurübungen so reiten, als würde er sie allein reiten. Auf keinen Fall sollte man blindlings dem Vordermann folgen und eventuell die gleichen Fehler nachreiten. Zum Beispiel ist das Abkürzen der Ecken ein sehr unschöner Fehler.
🐴 Wie kann man die Aufmerksamkeit des eigenen Pferdes innerhalb einer Gruppe erlangen?	☐ Man fordert das Pferd immer wieder durch halbe Paraden auf, sich auf den eigenen Reiter zu konzentrieren.
🐴 Woher weiß man, was geritten wird?	☐ Entweder achtet man gut auf die Tête, oder es ist ein Reitlehrer/in vor Ort, welche/r dann die Kommandos deutlich gibt.

🐴 Welche Kommandos gibt es?	☐ Diese Kommandos sollte man kennen: • Abteilung Schritt, Trab, Galopp auf linker/rechter Hand, Marsch • Abteilung Halt • Auf den Zirkel geritten • Aus dem Zirkel wechseln • Einfache Schlangenlinie • Durch die ganze Bahn wechseln • Durch die halbe Bahn wechseln • Durch die Länge der Bahn wechseln • Abteilung rechts/links brecht ab, rechts/links marschiert auf, Marsch •
🐴 Und was muss man bei einer Prüfung bedenken?	☐ Bei Prüfungen werden am Beginn und Ende der Prüfung die Richter gegrüßt. Dabei werden Zügel und Gerte in die linke Hand genommen. Die rechte Hand öffnet sich leicht und geht hinter den rechten Oberschenkel und zeigt mir der Handfläche zum Pferd. Dazu passend wird kurz mit dem Kopf genickt.

Nummeriere und male die Reihenfolge bei folgenden Aufstellungen – starte bei C auf linker Hand:

Links dreht ab, rechts marschiert auf

Links dreht ab, links marschiert auf

Kapitel 9: Bandagen und Gamaschen

Wozu benötigt man Bandagen und Gamaschen?	☐ Sie schützen die Pferdebeine vor Prellungen, Stauchungen und Verletzungen.
Worauf achtet man beim Anlegen einer Bandage?	☐ Man wickelt die Bandage von vorne nach hinten an, beginnend innen in der Mitte des Röhrbeines. Man wickelt erst nach unten, dann wieder nach oben. Sie muss faltenfrei gewickelt werden und darf nicht zu locker oder zu eng sitzen. Das Sprung- bzw. Vorderfußwurzelgelenk darf nur bis zum Gelenkspalt umwickelt werden. Beim Fesselgelenk wird ca. die Hälfte des Fesselkopfes umwickelt. Der Verschluss ist oben und außen am Bein und zeigt nach hinten. Dazu muss die Bandage schon vorher korrekt aufgewickelt sein. Vorher gründlich putzen!
Was beachtet man beim Anlegen einer Gamasche?	☐ Gamaschen gibt es aus Kunststoff oder aus Leder. In jedem Fall müssen sie dem Pferd genau angepasst werden. Sie sind leichter und schneller anzulegen als Bandagen.
Was sind Springglocken?	☐ Springglocken werden an der Fessel befestigt und schützen das Pferd vor Ballen- bzw. Kronentritt und vor Verletzungen beim Springen.
Was ist ein Ballentritt?	☐ Beim Ballentritt verletzt sich das Pferd selbst, indem es mit dem Hinterhuf so weit vorgreift, dass es sich selbst in den Ballen des Vorderhufes tritt.
Was ist ein Kronentritt?	☐ Beim Kronentritt verletzt sich das Pferd selbst, indem es sich mit dem einen Vorder- bzw. Hinterhuf auf die Krone des parallelen Hufes tritt.
Wie pflegt man Bandagen und Gamaschen?	☐ Ledergamaschen werden mit Lederseife und Lederfett gepflegt. Kunststoffgamaschen werden mit Wasser und Bürste gereinigt. Bandagen können in der Waschmaschine gewaschen werden.

Kapitel 10: Lösen

🐎 Was bedeutet der Begriff „lösen"?	☐ Das Pferd ist „gelöst" wenn der Kreislauf angeregt ist, die Muskeln erwärmt sind und das Pferd dadurch unverkrampft und zufrieden mitarbeitet.
🐎 Wie kann man ein Pferd lösen?	☐ Anfangs reitet man mindestens 10 Minuten am hingegebenen Zügel Schritt. Dann geht es weiter am langen Zügel mit gebogenen Linien und im Leichttraben. Dann kann man auch schon mal einen kleinen Arbeitsgalopp reiten.
🐎 Warum ist das Lösen so wichtig?	☐ Arbeitet man mit einem ungelösten Pferd, kann es zu z. B. Sehnenverletzungen, Muskelfaserrissen und sogar Bänderrissen kommen. **Merke:** Das Lösen darf niemals ausfallen!
🐎 Woran erkennt man, ob ein Pferd bereits gelöst ist?	☐ Ein gut gelöstes Pferd geht in Dehnungshaltung, kaut auf dem Gebiss, schnaubt, äppelt und der Schweif pendelt locker in der Bewegung.
🐎 Wie sieht eine Dehnungshaltung aus?	☐ Das Pferd dehnt sich vorwärts-abwärts bis das Maul auf Höhe des Buggelenks ist. Dadurch wird der Rücken des Pferdes nach oben gewölbt und somit geschont. Das Pferd ist dann auch leichter auszusitzen.
🐎 Wie kann man kontrollieren, ob das Pferd gut gelöst ist?	☐ Man gibt die Zügel für ein paar Sekunden nach vorne - man nennt das auch "überstreichen". Auch wenn der Kontakt für kurze Zeit unterbrochen ist, sollte das Pferd in der Dehnungshaltung bleiben.

Kapitel 11: Grundsitz, leichter Sitz, Springsitz

🐴 Wie sieht der Reiter aus, wenn er im Grundsitz reitet?	☐ Der Oberkörper ist aufgerichtet, die Schulterblätter sind leicht zurückgenommen. Der Blick geht geradeaus, die aufgestellten Fäuste bilden eine Gerade mit dem Ellbogen und dem Pferdemaul. Der Absatz ist der tiefste Punkt und bildet mit Hüfte und Schulter eine Senkrechte.
🐴 Wie sieht der Reiter aus, wenn er im leichten Sitz reitet?	☐ Der Oberkörper ist ganz leicht vor der Senkrechten, der Po hat noch leichten Kontakt zum Sattel. Ansonsten bleibt alles wie im Grundsitz.
🐴 Wie sieht der Reiter aus, wenn er im Springsitz reitet?	☐ Der Oberkörper geht etwas mehr vor die Senkrechte und der Po hat unter Umständen keinen Kontakt mehr zum Sattel. Das hängt von der Höhe des Sprunges ab. Die Hände schmiegen sich etwas tiefer an den Pferdehals. Ansonsten bleibt auch hier alles wie im Grundsitz.
🐴 Welche Gelenke müssen in jedem Fall locker sein?	☐ Kopfgelenk, Kiefergelenk, Schultergelenk, Ellbogen, Handgelenk, Hüftgelenk, Kniegelenk und Fußgelenk.
🐴 Was ist noch viel wichtiger als ein korrekter Sitz?	☐ Wichtiger ist es, dass der Reiter losgelassen und geschmeidig auf dem Pferd sitzt. **Merke:** Ist der Reiter angespannt, wird sich auch das Pferd nicht lösen.
🐴 Warum ist ein geschmeidiger Sitz so wichtig?	☐ Nur wer losgelassen und geschmeidig auf dem Pferd mitschwingt, ist in der Lage die Zügel-, Schenkel- und Gewichtshilfen korrekt einzusetzen.
🐴 Wann reitet man im Grundsitz?	☐ Der Grundsitz wird vor allem für die Dressuraufgaben gebraucht.

🐴 Wann reitet man im leichten Sitz?	☐ Der leichte Sitz entlastet den Pferderücken. Deshalb kann man ihn zur Lösearbeit, als auch zum Reiten über Stangen und Bodenricks und zum Bergauf- und Bergabreiten verwenden. Er wird auch bei jungen oder rückenempfindlichen Pferden gebraucht.
🐴 Wann reitet man im Springsitz?	☐ Den Springsitz braucht man zum Springen oder im höheren Galopptempo. Er gibt dem Pferd maximale Rückenfreiheit.
🐴 Bei welchen Gelegenheiten muss man aus dem leichten Sitz und dem Springsitz wieder in den Grundsitz zurück?	☐ Man kann sowohl im leichten Sitz, als auch im Springsitz die Hilfen geben. Allerdings sollte man vor und nach dem Sprung wieder in den Grundsitz gehen, um dem Pferd deutlich die Hilfen geben zu können.
🐴 Wie wird die Bügellänge jeweils gewählt?	☐ Für den Springsitz sollte man die Bügel etwa 2 - 3 Loch kürzer Stellen. Im Grundsitz und in der Grundposition des leichten Sitzes reitet man in normaler Bügellänge. Diese Länge ist bei jedem Reiter individuell.
🐴 Präge Dir alle Gelenke gut ein.	☐ Versuche alle Gelenke zu beschriften!

Kiefergelenk
Kopfgelenk
Schultergelenk
Mittelpositur
Ellbogengelenk
Hüftgelenk
Handgelenk
Kniegelenk
Fußgelenk

Kapitel 12: Hilfengebung

Welche Arten von Hilfen gibt es und wie werden sie nach ihrer Wichtigkeit sortiert?	☐ Man unterteilt Gewichtshilfen, Schenkelhilfen und Zügelhilfen. Dabei ist die Gewichtshilfe am wichtigsten, gefolgt von der Schenkelhilfe. Die Zügelhilfe sollte nie ohne die anderen Hilfen eingesetzt werden.
Wie lauten die wichtigsten Zügelhilfen?	☐ - annehmende und nachgebende Zügelhilfe - verwahrende Zügelhilfe - durchhaltende Zügelhilfe
Was ist die Aufgabe des annehmenden und nachgebenden Zügels?	☐ Diese Zügelhilfen sind untrennbar miteinander verbunden. Wenn man die Zügel annimmt, müssen sie auch gleich wieder nachgegeben werden. Diese Hilfe wird für ganze und halbe Paraden gebraucht. Die Kunst ist es, die Zügel nie rückwärts zu ziehen, denn Druck erzeugt immer Gegendruck!
Was ist die Aufgabe des verwahrenden Zügels?	☐ Der verwahrende Zügel sorgt auf gebogenen Linien dafür, dass das Pferd mit dem inneren Zügel gestellt werden kann. Ist das Verwahren zu starr, verwirft sich das Pferd im Genick, ist es zu schwach, wird das Pferd zu sehr gestellt.
Was ist die Aufgabe des durchhaltenden Zügels?	☐ Beim durchhaltenden Zügel wird nach dem Annehmen nicht sofort nachgegeben. Das Pferd soll dadurch im Genick nachgeben. Das funktioniert nur, wenn man dabei auch gut vorwärts treibt.
Wie lauten die wichtigsten Schenkelhilfen?	☐ - vorwärtstreibende Schenkelhilfe - verwahrende Schenkelhilfe - vorwärts-seitwärtstreibende Schenkelhilfe
Wo liegt der Schenkel bei der vorwärtstreibenden Schenkelhilfe?	☐ Er liegt direkt am Sattelgurt.
Wo liegt der Schenkel bei der verwahrenden Schenkelhilfe?	☐ Hier liegt er eine Handbreit hinter dem Sattelgurt.
Wo liegt der Schenkel bei der vorwärts-seitwärtstreibenden Schenkelhilfe?	☐ Hier liegt er kurz hinter dem Sattelgurt.

🐴 Was ist die Aufgabe des vorwärtstreibenden Schenkels?	☐ Der vorwärtstreibende Schenkel ermuntert das Pferd dazu, vorwärts zu gehen oder sich zur Seite zu biegen. Es sollte sich im besten Fall um den Schenkel biegen.
🐴 Was ist die Aufgabe des verwahrenden Schenkels?	☐ Der verwahrende Schenkel sorgt dafür, dass das Pferd sich auf einer gebogenen Linie nicht mit der Kruppe nach außen drückt. Der verwahrende Schenkel muss aus der Hüfte gegeben werden. Ein Hochziehen des Unterschenkels ist falsch.
🐴 Was ist die Aufgabe des vorwärts-seitwärtstreibenden Schenkels?	☐ Diese Hilfe wird gebraucht, wenn das Pferd sowohl vorwärts, als auch seitwärts gehen soll. Zum Beispiel bei Seitengängen oder einer Vorhandwendung.
🐴 Wie lauten die wichtigsten Gewichtshilfen?	☐ - beidseitig belastende Gewichtshilfe - einseitig belastende Gewichtshilfe - entlastende Gewichtshilfe
🐴 Was ist der Sinn der beidseitig belastenden Gewichtshilfe?	☐ Die beidseitig belastende Gewichtshilfe soll das Pferd dazu bringen, die Hinterbeine weiter unter den Bauch zu setzen und so das Tempo zu verstärken.
🐴 Was ist der Sinn der einseitig belastenden Gewichtshilfe?	☐ Die einseitig belastende Gewichtshilfe braucht man auf allen gebogenen Linien. Das Pferd wird versuchen, dieser Gewichtsverlagerung nachzulaufen.
🐴 Was ist der Sinn der entlastenden Gewichtshilfe?	☐ Die entlastende Gewichtshilfe benötigt man bei jungen oder rückenempfindlichen Pferden oder beim Rückwärtsrichten. Damit wird der Pferderücken leicht entlastet.

🐴 Erkläre den Begriff Stellung!	☐ Bei einer Stellung wendet das Pferd seinen Kopf im Genick entweder zur linken oder zur rechten Seite. Dabei wird der Hals kaum gebogen und der Rest des Pferdekörpers bleibt gerade.
🐴 Erkläre den Begriff Biegung!	☐ Nur wenn das Pferd entsprechend gestellt ist, kann es sich auch biegen. Hier wird beim Pferd die gesamte Längsachse gebogen. Dies passiert nicht gleichmäßig, denn die einzelnen Wirbel sind unterschiedlich beweglich. So sind die Halswirbel sehr beweglich, aber die Brustwirbel schon weniger und die Kreuzwirbel sind starr. Deshalb ist es wichtig das Pferd im Rippenbereich zu biegen. Man wickelt sich das Pferd sozusagen um das eigene Bein! **Merke:** Es gibt keine Biegung ohne Stellung, während Stellung ohne Biegung durchaus möglich ist.

Beschrifte die Zeichnungen:

🐴 Wie funktioniert die diagonale Hilfengebung?	☐ Eine diagonale Hilfengebung ist das gefühlvolle und aufeinander abgestimmte Einwirken des linken Schenkels und des rechten Zügels und umgekehrt. Dabei treibt der jeweils innere Schenkel das Pferd gegen den verwahrenden äußeren Zügel. Der äußere Zügel sorgt dafür, dass das Pferd begrenzt wird und nicht über die Schulter ausfällt. Der äußere verwahrende Schenkel lässt die Biegung zu und begrenzt das Pferd. Dabei darf die Vorwärtsbewegung nicht verloren gehen. Der innere Zügel sorgt durch weiches Annehmen und Nachgeben für eine korrekte Stellung des Pferdes nach innen. Der innere Gesäßknochen wird dabei vermehrt belastet.

Beschrifte mit folgenden Begriffen:

2 x Diagonale, 2 x verwahren, stellen, treiben

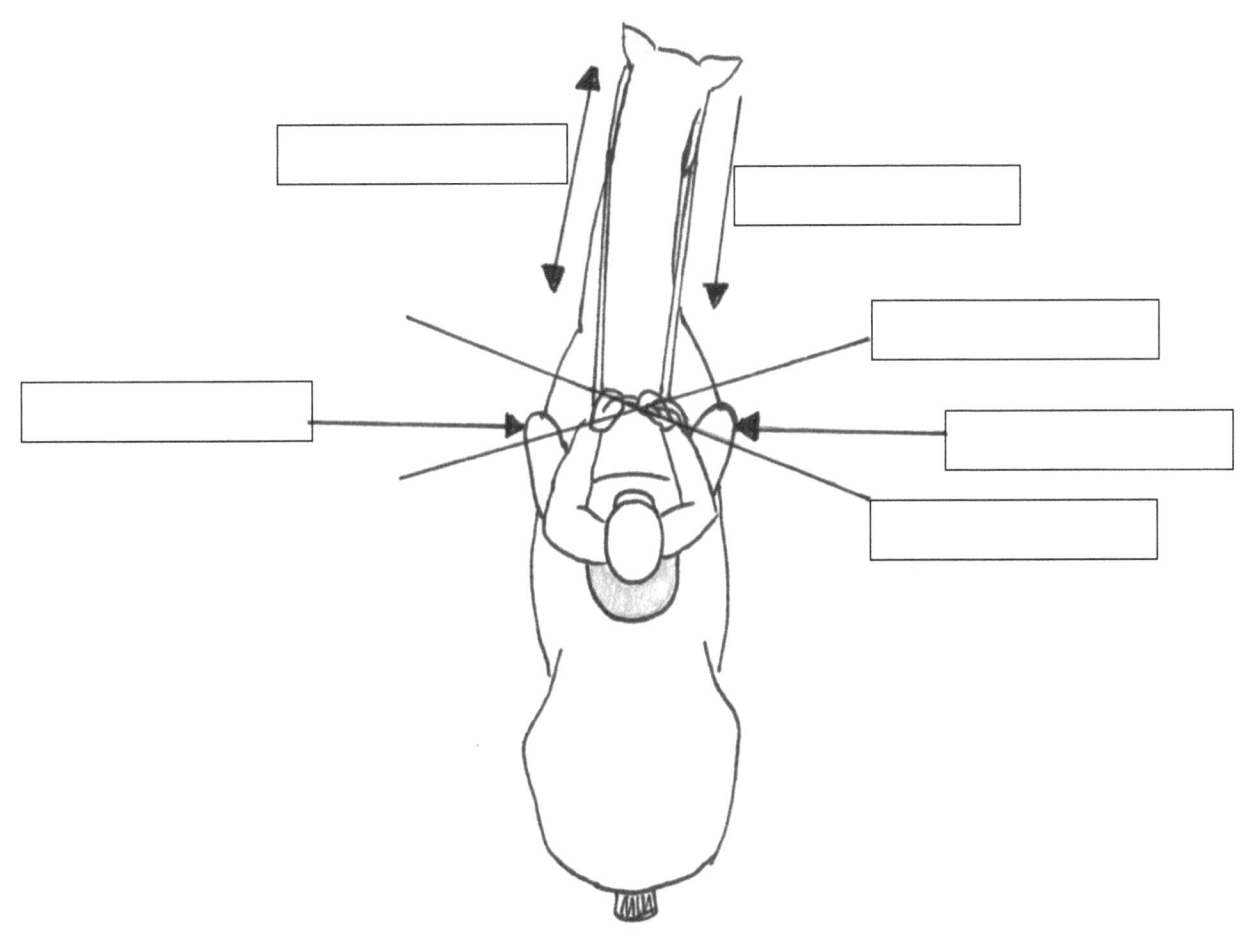

Wie reitet man eine Vorhandwendung mit den korrekten diagonalen Hilfen?	Eine Vorhandwendung wird immer aus dem Halten geritten. Dabei soll das Pferd geschlossen auf dem zweiten Hufschlag stehen. Das Pferd soll nun eine 180 Grad-Wendung vollführen. Dazu benötigt man die diagonale Hilfengebung. Der innere Zügel stellt das Pferd zur Bande, wobei der innere seitwärtstreibende Schenkel die Hinterhand um die Vorderhand herum treibt. Der äußere verwahrende Zügel sorgt dafür, dass das Pferd nicht zu sehr gestellt wird. Der äußere verwahrende Schenkel sorgt dafür, dass das Pferd nicht eilig wird, sondern die Übung Schritt für Schritt ausführt. Dabei muss der innere Hinterfuß vor und über den äußeren treten. Der äußere Vorderfuß tritt auf einem kleinen Halbkreis um das innere Vorderbein herum. Das Gewicht wird einseitig nach innen verlagert. Um ein Rückwärtstreten zu vermeiden, muss der Reiter gut einsitzen, angemessen nach vorne treiben und mit einer halben Parade entgegen wirken. Die Aufgabe wird Schritt für Schritt ausgeführt – das bedeutet, dass man die Hilfen nach jedem Schritt wieder auflöst und neu gibt.

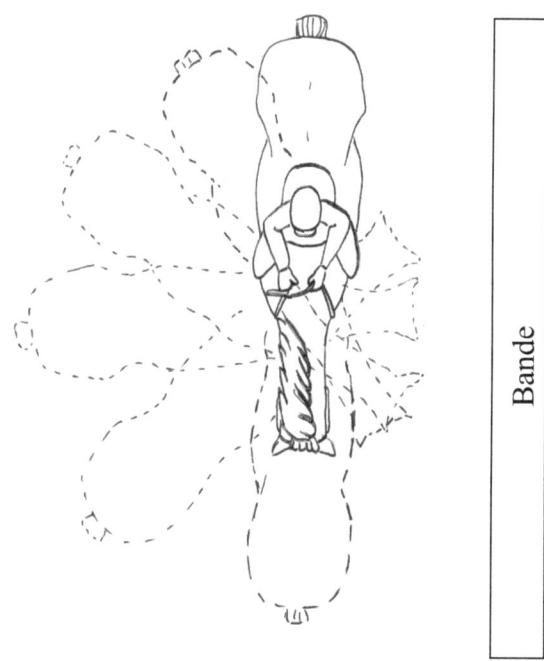

Kapitel 13: Hufschlagfiguren

🐴 Was sind Hufschlagfiguren?	☐ Hufschlagfiguren sind Dressurübungen, die man möglichst korrekt ausführt und dabei auch die richtigen Hilfen einsetzt.
🐴 Wozu benötigt man die Buchstaben und Punkte an den Seiten des Dressurvierecks?	☐ Sie dienen zur Orientierung.
🐴 Wie heißen die Buchstaben in der richtigen Reihenfolge?	☐ C M B F A K E H
🐴 Wo befinden sich die Mittellinie und die Viertellinien?	☐ Die Mittellinie halbiert das Dressurviereck der Länge nach, also zwischen C und A. Die Viertellinien verlaufen zwischen den Ecken des Vierecks und den Punkten C und A.
🐴 Wo befindet sich X?	☐ X befindet sich genau in der Mitte des Platzes.
🐴 Wie groß ist der Bogen bei einer einfachen Schlangenlinie?	☐ An seinem höchsten Punkt wird der Bogen 5 Meter zur Mitte der Bahn geritten.
🐴 Wie groß sind die Bögen bei einer doppelten Schlangenlinie?	☐ An ihren höchsten Punkten werden die Bögen 2,5 Meter zur Mitte der Bahn geritten.
🐴 Wie groß sind die verschiedenen Volten?	☐ Volten gibt es mit einem Durchmesser von 8 und 10 Metern. Das hängt von der Klasse ab, die man reitet.
🐴 Welche Klassen gibt es beim Reiten?	☐ Es gibt folgende Klassen: • Klasse E (Einsteiger) • Klasse A (Anfänger) • Klasse L (Leicht) • Klasse M (Mittelschwer) • Klasse S (Schwer)
🐴 Folgende Hufschlagfiguren solltest Du Dir gut einprägen:	☐ Diese Figuren sollte man kennen: • Ganze Bahn • durch die ganze Bahn wechseln • durch die halbe Bahn wechseln • Zirkel • aus dem Zirkel wechseln • einfache und doppelte Schlangenlinie

Versuche, alle Buchstaben, Punkte und Bahnfiguren einzumalen!

Kapitel 14: Haltungsformen

🐴 Welche Haltungsformen gibt es?	☐ Die bekanntesten Formen sind die Gruppenauslaufhaltung und Boxenstallhaltung.
🐴 Wie funktioniert die Boxenhaltung und für welche Pferde eignet sie sich?	☐ Hier ist das Pferd fast immer in seiner Box und somit darauf angewiesen, dass sich der Besitzer täglich darum kümmert. Diese Haltung eignet sich für Turnier- und Leistungspferde, da hier die Verletzungsgefahr am geringsten ist und sie durch das tägliche Training genug Bewegung bekommen.
🐴 Wie funktioniert die Gruppenauslaufhaltung und für welche Pferde eignet sie sich?	☐ Hier sind die Pferde sowohl im Sommer als auch im Winter immer auf der Weide und haben nur einen Offenstall. Dies eignet sich gut für Freizeitpferde.
🐴 Wie sieht ein Offenstall aus?	☐ Der Offenstall hat drei geschlossene Wände, wobei die offene Seite zur windärmsten Seite zeigt. Der Boden ist trocken und gut eingestreut.
🐴 Was ist eine Laufstallhaltung?	☐ Hier teilen sich mehrere Pferde einen größeren Stall. Es sollte auch mehrere Futterstellen geben, damit es nicht zu Streitereien kommt.

🐴 Wie funktioniert ein Aktivstall?	☐ Hier leben die Pferde im Herdenverband in Offenstallhaltung und bewegen sich frei in einem eingezäunten Bereich. Damit sich die Pferde vermehrt bewegen sind Futterplatz, Tränke und Ruhe- oder Wälzstellen möglichst weit voneinander entfernt.
🐴 Wie funktioniert die Ständerhaltung?	☐ Dabei sind die Pferde angebunden und nur durch halbhohe Wände voneinander abgegrenzt. Die Pferde können sich nicht umdrehen oder hinlegen. Ständerhaltung ist in Deutschland mittlerweile verboten.
🐴 Was gibt es für Einstreumöglichkeiten?	☐ Es gibt mittlerweile sehr viele verschiedene Arten von Einstreu. Die gängigsten sind z.B. Stroh, Späne, Maisstroh oder Strohpellets.
🐴 Welche Einstreu wähle ich für welches Pferd?	☐ Üblicherweise streut man mit Stroh oder Maisstroh ein. Das Pferd kann dann auch seinen Raufutterbedarf abdecken. Pferde, die gerne alles auffressen, stellt man auf Späne.
🐴 Was passiert mit dem Pferdemist?	☐ Man muss täglich gründlich ausmisten. Der Mist wird auf einem Misthaufen gelagert, der dann vom Bauern abgefahren wird. Stroh macht am meisten Mist.
🐴 Was sollte man beim Einstreuen von Stroh beachten?	☐ Wenn man frisches Stroh nachstreut, sollte man unbedingt darauf achten, dass das Stroh nicht verschimmelt ist und die Strohbänder entfernt sind.
🐴 Wie funktioniert Matratzenstreu?	☐ Hier wird aus Stroh oder Späne im Laufe des Winters eine Matratze gebildet. Auch hier wird täglich gründlich ausgemistet. Das ist zwar für die Pferde warm, wenn sie sich hinlegen, allerdings atmen sie viel Ammoniak ein, was zu Atemwegserkrankungen führen kann. Hier ist Vorsicht geboten.

Kapitel 15: Stallbau

Wie sieht ein guter Pferdestall aus?	☐ Ein guter Stall ist groß, hell, luftig aber ohne Zugluft.
Welche Fläche muss eine Pferdebox haben?	☐ Die Boxengröße errechnet sich aus der Größe des Pferdes: Stockmaß mal 2 und diese Zahl ins Quadrat.
Sollen sich die Pferde sehen können?	☐ Pferde sind Herdentiere und brauchen den Kontakt zu anderen Tieren.
Was beachtet man bezüglich der Fenster?	☐ Man rechnet pro Pferd mindestens einen Quadratmeter Fensterfläche. Ist das Fenster in der Box, muss es mit Eisengittern gesichert sein.
Was beachtet man bei den Boxentüren?	☐ Boxentüren sollten mindestens 1,10 Meter breit sein und sich entweder aufschieben oder ganz an die Wand schlagen lassen. Ein sicherer Riegel, den das Pferd nicht öffnen kann ist sinnvoll.
Was beachtet man bei den Gitterstäben?	☐ Die Gitterstäbe sollten nicht weiter als vier Zentimeter auseinander sein, da das Pferd sich sonst mit den Hufen darin verkannten kann.
Wohin kommen Trog und Tränke, als auch Lecksteinhalter?	☐ Krippe, Tränke und Lecksteinhalter werden in Höhe des Buggelenks in unterschiedlichen Ecken der Box angebracht.
Wie kann man die Luft im Stall frisch halten?	☐ Türen und Fenster sollen häufig zum Lüften geöffnet werden. Man kann auch vergitterte Außentüren anschaffen und diese nachts offen lassen. Vor dem Fegen sollte man die Stallgasse anfeuchten.
Was ist eine Zwangslüftung?	☐ Hier sorgen Ventilatoren für die Zuführung von frischer Luft.
Was beachtet man bezüglich der Elektrik?	☐ Elektrische Anlagen müssen immer von einem Fachmann installiert werden. Außerdem dürfen sie nie in Reichweite eines Pferdes sein.
Wo lagert man die Ausrüstung fürs Pferd?	☐ In einer abschließbaren Sattelkammer.

Kapitel 16: Bewegungsflächen

Welche Anlagen muss ein gut funktionierender Reiterhof besitzen?	☐ Ein Reiterhof hat folgende Anlagen: • Weide und/oder Paddocks • Reitplatz und /oder Reithalle • Longierplatz und /oder Longierhalle • Sattelkammer • Aufenthaltsraum • Boxen
Wie groß muss die Weide für ein Pferd sein?	☐ Jedes Pferd benötigt 5000 Quadratmeter Weidefläche. Außerdem sollten auf der Weide ein Unterstand und eine Tränke vorhanden sein.
Was ist ein Paddock?	☐ Ein Paddock ist ein kleiner umzäunter Außenplatz mit Sand- oder Grasboden. Er ist etwa doppelt so groß wie eine Box und sozusagen der Balkon für das Pferd.
Wie sieht eine gute Einzäunung aus?	☐ Man kann entweder mit breiter weißer Stromlitze einzäunen oder mit einem richtigen Holzzaun. Wählt man den Holzzaun, muss man auf jeden Fall auch einen Stromzaun mitführen. Stacheldraht ist in Deutschland verboten!
Was muss man bei kleinen Weideflächen beachten?	☐ Hat man kleine Flächen, muss man regelmäßig abäppeln, das lange Unkraut kurz halten und immer nach Giftpflanzen Ausschau halten. Das gilt natürlich auch für große Weiden.
Was beachtet man, wenn man ein fremdes Pferd in eine bestehende Herde eingliedern möchte?	☐ Kommt ein fremdes Pferd auf die Weide, gibt es erst einmal Rangkämpfe. Dann ist es gut, wenn die Pferde keine Hufeisen tragen, denn sonst ist die Verletzungsgefahr zu groß. Außerdem sollte man sich nie bei Kämpfen einmischen – es besteht Lebensgefahr!

Kapitel 17: Sicherheit beim Reiten

Was ist der wichtigste Ausrüstungsgegenstand des Reiters?	☐ Der Helm! Er muss den aktuellen Mindestanforderungen genügen, genau passen und auf den Reiter individuell eingestellt sein.
Was zieht der Reiter an?	☐ Eine Reithose. Sie soll gut passen, keine Falten werfen und nicht zu eng sitzen. Vor dem Aufsitzen wird sie gut hochgezogen.
Was ist der Besatz?	☐ Damit meint man das Leder oder den Kunststoffbesatz am Po oder an den Innenseiten der Beine. Je mehr Besatz, desto weniger rutscht man auf dem Sattel.
Was ist eine Jodphurhose?	☐ Diese Hosen reichen bis unter die Knöchel und werden dann nur noch mit Stiefeletten kombiniert. Chaps entfallen. Sie sind oben weiter geschnitten und sind unten leicht ausgestellt, damit sie gut über die Stiefeletten passen.
Welche Fußbekleidung braucht man?	☐ Entweder reitet man mit Reitstiefeln aus Kunststoff oder Leder oder man wählt Stiefeletten mit Chaps. Wichtig ist, dass die Stiefel und die Chaps bis in die Kniekehle reichen und einen Absatz haben.
Was zieht man oben herum an?	☐ Man sollte beim Reiten immer eng anliegende Oberteile ohne Kapuze tragen. Im Sommer keine Tops, sondern T-Shirts mit kleinem Ärmel.
Schutzweste – ja oder nein?	☐ Schutzwesten verringern die Verletzungsgefahr an der Wirbelsäule und den Rippen. In den Geländeprüfungen sind sie mittlerweile Pflicht. Sie müssen möglichst nah am Körper getragen werden und gut angepasst sein.
Braucht man Handschuhe?	☐ Handschuhe sind beim Reiten, Führen und Verladen Pflicht, denn sie schonen die Hände. Außerdem schützen sie vor Verletzungen.
Und was ist mit der Schönheit?	☐ Lange Haare müssen immer fest eingeflochten sein. Schmuck, Schals, Brillen, Zahnspangen und Kaugummis sind zu vermeiden.

Kapitel 18: Ethische Grundsätze

1 x 1	☐ Pferde brauchen Menschen: Wir tragen Verantwortung dafür, dass es jedem Pferd gut geht.
1 x 2	☐ Pferde müssen richtig versorgt werden: Pferde brauchen Pflege, Futter, Licht und Luft, Bewegung und Kontakt zu anderen Pferden.
1 x 3	☐ Die Gesundheit geht vor: Gesundheit und Zufriedenheit des Pferdes sind wichtiger als Erfolg um jeden Preis.
1 x 4	☐ Alle Pferde sind wertvoll: Alle Pferde, egal ob jung oder alt, Weidepony oder Turnierpferd verdienen Pflege und Zuneigung.
1 x 5	☐ Pferde und Menschen haben eine lange Geschichte: Zwischen Pferden und Menschen besteht seit Tausenden von Jahren eine enge Verbindung. Wir müssen bereit sein, von fremden Kulturen und früheren Zeiten zu lernen.
1 x 6	☐ Pferde sind gute Lehrer: Pferde wissen, ob der Reiter ungeduldig oder unbeherrscht ist. Sie belohnen mit Freundlichkeit und Geduld. Wir sollten dies von den Pferden lernen.
1 x 7	☐ Leistungen dürfen nicht erzwungen werden: Pferde haben verschiedene Talente und Leistungsvermögen. Wir müssen die Grenzen der Pferde respektieren und die Leistungsfähigkeit nicht durch Gewalt, Zwang oder Medikamente beeinflussen.
1 x 8	☐ Pferde und Menschen müssen miteinander lernen: Pferde und Menschen brauchen für den gemeinsamen Sport eine gute Ausbildung, die nie aufhört.
1 x 9	☐ Pferde haben ein Recht auf ein würdiges Ende: Pferde werden nicht so alt wie Menschen. Auch am Lebensende lassen wir unser Pferd nicht im Stich und ersparen ihm unnötige Angst, Schmerz oder Qual.

Vorschlag einer kombinierten Aufgabe RA 7 (einzeln)

C – A	Einreiten im Mittelschritt ohne Steigbügel, bei A abwenden auf die Mittellinie
G	Halten und Grüßen, Anreiten im Mittelschritt auf rechter Hand
G - M	Bei M antraben ganze Bahn
C	Ganze Parade aus dem Trab, Steigbügel aufnehmen
C - M	Durch die ganze Bahn wechseln
F	Durch die halbe Bahn wechseln, dabei über das Bodenrick
C	Auf den Zirkel geritten – eine Runde im leichten Sitz
C	Einsitzen und weiter Aussitzen
ZP	Durch den Zirkel wechseln
ZP	Sprung 50 cm weiter auf dem Zirkel
C	Ganze Bahn und Angaloppieren bis K
A	Abwenden auf die Mittellinie
G	Halten aus dem Trab und Grüßen

Trage die Dressuraufgabe in das Dressurviereck ein!

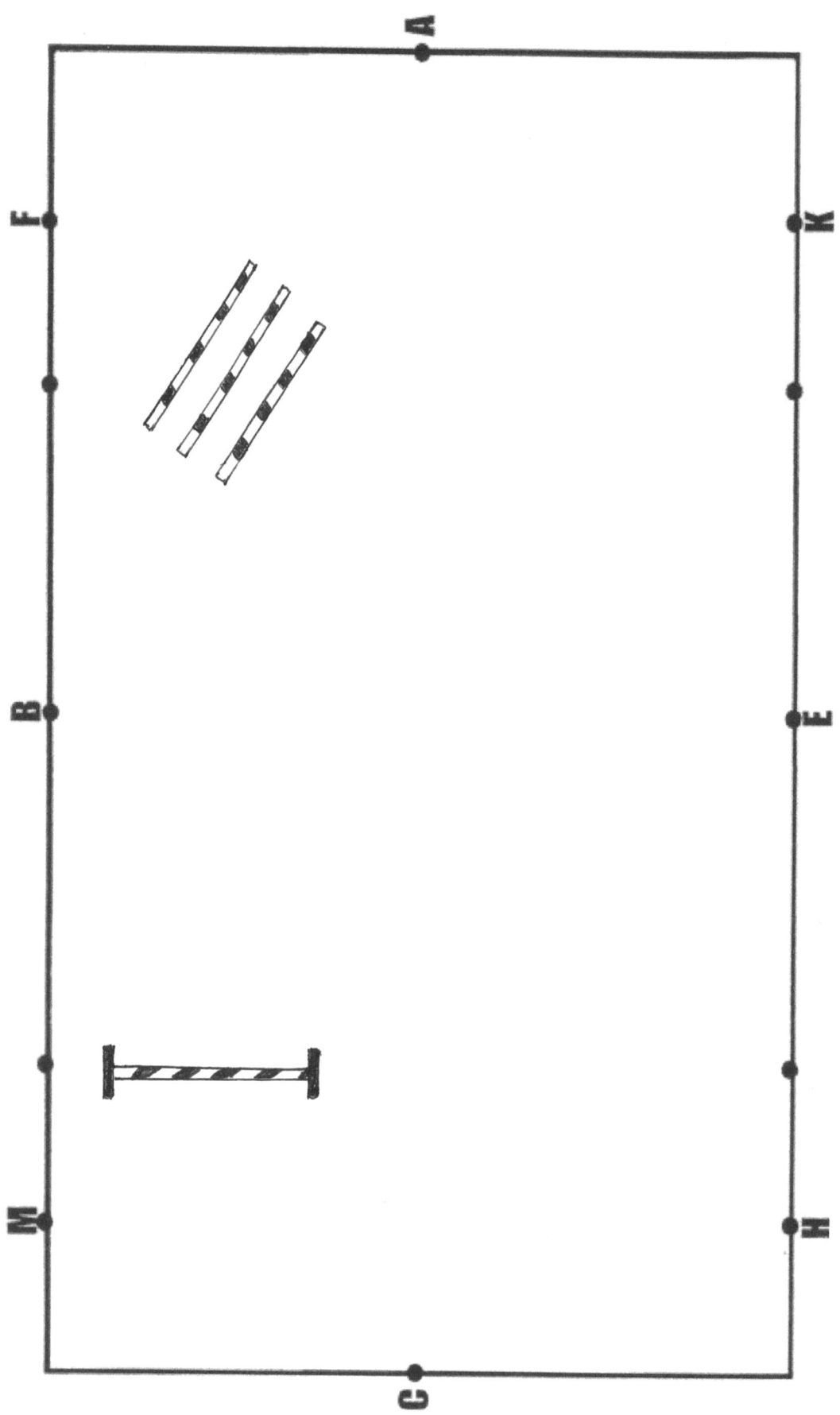

Vorschlag einer Führaufgabe RA 7

X	Aufstellung zum Führen von links, anführen Mittelschritt
C	Abwenden auf linke Hand, Antraben
H	Einfache Schlangenlinie
A	Durchparieren zum Schritt, Abwenden auf die Mittellinie
X	Halten, Wechsel der Führposition zur rechten Seite, anführen Mittelschritt
C	Abwenden auf rechte Hand,
Nach C	Abwenden auf die Viertellinie, Führen im Slalom um die Kegel
A	Abwenden auf die Mittellinie
X	Halten, Pferd Rückwärts richten

Trage die Führaufgabe in das Dressurviereck ein!

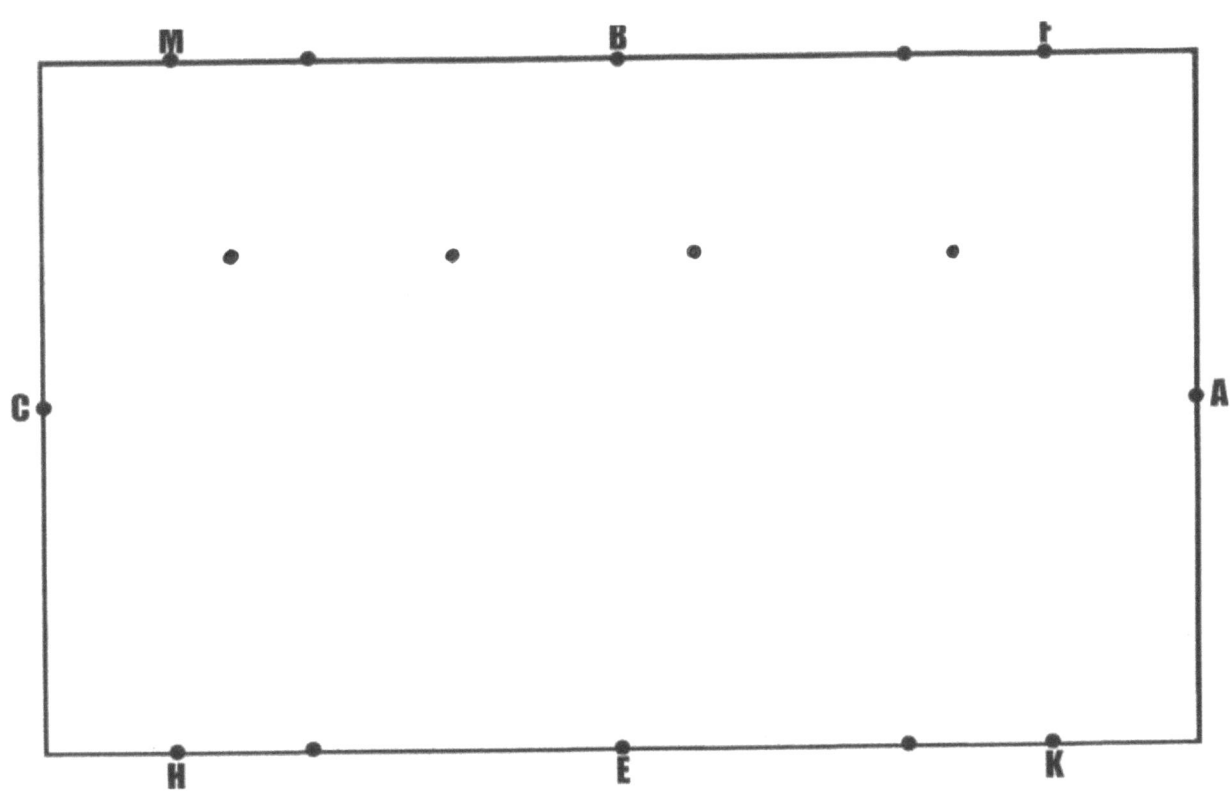

Praktische Prüfungen für das RA 7

für _____

Bodenarbeit: bestanden am:

Geradeausführen beidseitig, auch im Trab	
Slalom	
Gangmaßwechsel im Schritt	
Rückwärts treten lassen	
Passieren anderer Pferde	
Führen von Hufschlagfiguren	

Am Pferd: bestanden am:

Trensenbau mit Anpassen	
Sattelbau mit Anpassen	
Ausbinder anlegen	
Martingal anlegen	
Dreieckszügel anlegen	
Bandagen und Gamaschen anlegen	
Erste Hilfe fürs Pferd: PAT, Druckverband, Eindecken	
Erweiterte Hufpflege	

Praktisches Reiten: bestanden am:

Ganze Parade	
Reiten im Schritt ohne Bügel	
Reiten im Trab ohne Bügel	
Durch die halbe und ganze Bahn wechseln	
Einfache und doppelte Schlangenlinie	
Zirkel und aus dem Zirkel wechseln	
Aus der Ecke kehrt	
Slalom im Leichttrab	
Bodenricks (leichter Sitz)	
Sprung 50 cm (Springsitz)	
Proberitt RA 7	

Theoretische Prüfungen für das RA 7

für _____

Thema	Seite	bestanden am:
Bodenarbeit	4, 5	
Gangarten	6, 7, 8	
Anatomie	9, 10	
Skelett	11	
Hilfsmittel und Hilfszügel	12, 13	
Gesunderhaltung und Krankheiten	14, 15, 16, 17	
Hufe und Hufschmied	18, 19	
Abteilungsreiten	20, 21	
Bandagen und Gamaschen	22	
Lösen	23	
Grundsitz, leichter Sitz, Springsitz	24, 25	
Hilfengebung	26 - 30	
Hufschlagfiguren	31, 32	
Haltungsformen	33, 34	
Stallbau	35	
Bewegungsflächen	36	
Sicherheit beim Reiten	37	
Ethische Grundsätze	38	

Impressum

© 2025 Ute Schmidt
Hamburg

Kontakt:
E-Mail: ute@tschmidt.de

Verlag: BoD · Books on Demand GmbH,
In de Tarpen 42, 22848 Norderstedt, bod@bod.de
Druck: Libri Plureos GmbH, Friedensallee 273,
22763 Hamburg
ISBN: 978-3-7392-0766-7

FSC
www.fsc.org
MIX
Papier aus verantwortungsvollen Quellen
Paper from responsible sources
FSC® C105338